Lars Hayden

Bauch weg mit dem Roller

Fünf Minuten jeden Tag

Inhalt

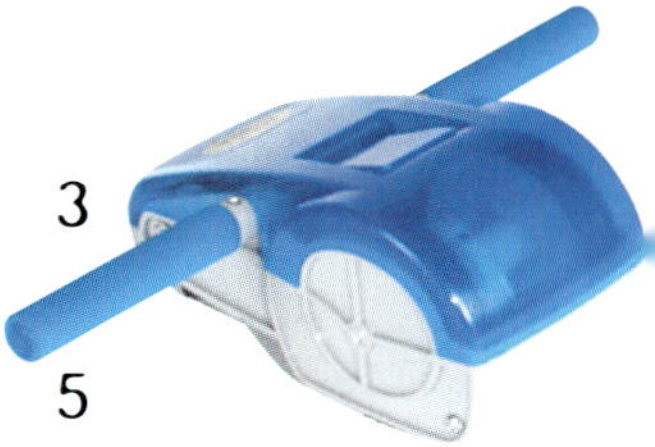

Der Rock oder die Hose kneifen, der nächste Sommer kommt – und immer ist der Bauch im Weg? Schluss damit! Mit dem »Bauch-weg-Roller« haben Sie es in der Hand, schon in Kürze einen schlanken, straffen und glatten Bauch zeigen zu können.

Vorwort

Innerhalb kurzer Zeit im Spiegel eine Traumfigur mit flachem Bauch bewundern zu können – dieser Traum könnte für Sie tatsächlich in Erfüllung gehen. Wenn Sie sich die Zeit nehmen, das Training mit dem »Bauch-weg-Roller« als Mittelpunkt eines kompakten Fitnessprogramms zu absolvieren, werden Sie eine deutliche Verbesserung Ihrer Figur und Ihres Befindens erleben.

* Ihr Bauch wird flacher, die Kondition verbessert sich, und die Muskulatur an Bauch, Rücken, Armen und den Seiten wird schonend gestärkt.
* Zudem ist das Training mit dem »Bauch-weg-Roller« nach sportmedizinischen Gesichtspunkten aufgebaut, um einseitige oder ungünstige Belastungen zu vermeiden.
* Speziell für das Training mit diesem Fitnessgerät ausgesuchte Übungen als Aufwärmgymnastik, Stretching und spezielle Rückengymnastik ergänzen das Trainingsprogramm.

Auch das intensivste Fitnesstraining kann keinen dauerhaften Erfolg zeigen, wenn nicht eine gesunde Ernährung ihr Übriges zu einem flachen Bauch tut. Denn starke Bauchmuskeln allein ergeben keinen flachen Bauch – ganz im Gegenteil: Sie drücken das Fett der Haut eher noch sichtbarer hinaus. Deswegen gilt die Aufmerksamkeit auch dem Abbau von Bauchfett. Bestimmte Fette sollten Sie in Ihrer Ernährung vermeiden und zudem einer ausgewogenen Ernährung den Vorzug geben.
In diesem Zusammenhang nicht uninteressant: Welchen Einfluss haben Diäten, wenn Sie gleichzeitig ein Fitnesstraining absolvieren?
Und wie halten Sie es mit der körperlichen Bewegung im Alltag? Unterstützen Sie das Fitnesstraining, indem Sie keiner Möglichkeit der Bewegung aus dem Weg gehen. Treppensteigen und kurze Wege zu Fuß gehen sind Beispiele dafür, auch in der trainingsfreien Zeit in körperlicher Bewegung zu bleiben.

Ob Sie »nur« etwas gegen Ihren Bauch tun wollen, oder ob Sie rundum fitter, schlanker und gesünder sein wollen – mit dem »Bauch-weg-Roller« können Sie es schaffen. Wir stellen Ihnen ein Trainingsgerät vor, das auf den Punkt wirkt, sowie ein vernünftiges Fitnessprogramm, das Sie überzeugen wird.

Der Bauch schnell weg

Motivations-Schub zu Beginn

Schlank sein möchte fast jeder, aber schlank werden ... Doch wo ein Wille ist, ist auch ein Weg. So alt diese Weisheit ist, im Fall des Schlankwerdens ist sie aktuell wie nie. Denn es gibt eine neue und einfache Methode, den ungeliebten Fettpölsterchen, die sich so gerne gerade an der Körpermitte ansammeln, zu begegnen. Damit Sie sich auch mental auf die vor Ihnen liegende Umstellung Ihres Aussehens einstimmen können, zeigen wir Ihnen eingangs noch einmal auf, warum der Bauch ein Problem ist und wie Sie ihn schnell wieder loswerden können.

Der Bauch heute

Bauch und Selbstbewusstsein

Die Zeiten, als der Leibesumfang noch Statussymbol war und nur ein wohl genährter Mensch auch ein erfolgreicher sein konnte, liegen Jahrhunderte zurück. Ein dickerer Bauch gehört heutzutage eindeutig zu den negativeren Dingen des Aussehens, und nur wenige können ihm etwas Positives abgewinnen. Dies führt umgekehrt dazu, dass das Selbstbewusstsein deshalb nicht unerheblich leidet. Trotzdem resigniert die Mehrzahl der Betroffenen vor Bauch und Übergewicht: Zu hoch erscheinen die Hürden zu sein, welche die notwendigen Veränderungen mit sich bringen, um (wieder) rank und schlank zu sein.

Manch eine(r) versucht es mit dem Kopf durch die Wand, indem die Nahrungsaufnahme nahezu eingestellt wird – krankhafte Essstörungen können die Folge sein, die zu ernsthaften Gesundheitsproblemen führen können.

* Da Veränderungen immer im Kopf beginnen, sollte man sich zu Beginn des Trainings mit dem »Bauch-weg-Roller« fragen, was man denn genau verändern möchte. Was also ist es?

- Stört Sie »nur« Ihr Bauch?
- Wollen Sie insgesamt Ihr Übergewicht reduzieren?

Obwohl sich beides mit dem »Bauch-weg-Roller« erreichen lässt, sollte Ihnen Ihr Ziel klar sein.

Im Blickpunkt: ein flacher Bauch.

EXTRA

Der Zwang der Vorbilder

Es scheint so, als würde jüngere Frauen auch schon ein leichtes Übergewicht stärker psychisch belasten als gleichaltrige Männer. Dies ist nicht verwunderlich, denn zu massiv bestimmen Models mit superschlanker Figur optisch Laufstege, Kataloge, Werbebroschüren und Illustrierte, als dass sich die »normale« Frau diesem Bild verschließen könnte. Nicht von ungefähr sind fast nur junge Frauen von psychischen Essstörungen betroffen. Männer dagegen scheinen in größerem Maße solchen »Vorbildern« gegenüber immun zu sein. Ob »Waschbrettbauch« oder nicht – die Vorzüge eines Mannes werden offensichtlich fairer (von den Frauen) beurteilt als dies umgekehrt der Fall ist.

Wer ist übergewichtig?

Der BMI-Wert (Body-Mass-Index) ist eine aussagekräftige Zahl über das persönliche Idealgewicht.
Sie setzt die Körpergröße zum Körpergewicht in eine bestimmte Relation, die von der bisherigen Faustregel, dass die Zentimeteranzahl über einem Meter als Kilogramm ausgedrückt das Idealgewicht sei, abweicht. Der BMI errechnet sich, indem man das Körpergewicht in Kilogramm durch die Körpergröße in Metern im Quadrat teilt.
Nicht nur Frauen, auch Männer müssen sich heute damit abfinden, dass der flache Bauch ein Schönheitsideal geworden ist. Und nicht nur das! Aus dem Zustand des Bauches wird zudem darauf geschlossen, ob ein Mensch aktiv und zielstrebig ist. Oder ob er zu Bequemlichkeit und Trägheit neigt.

* Statussymbol und Wunschbild ist der flache Bauch geworden. Doch das heiß begehrte Ziel setzt gesunde Ernährung voraus und sportliches Training. Man könnte natürlich Einwände erheben und behaupten, dass auch ein beleibterer Mensch sich in seiner Haut wohl fühlen kann.

Der Nachteil des BMI liegt auf der Hand. Die Spannweite des Normalgewichts ist sehr groß. So »darf« eine Frau von 1.70 zwischen ca. 65 kg und 85 kg wiegen.

EXTRA

$$\textbf{BMI} = \frac{\textbf{Körpergewicht (in kg)}}{\textbf{Körpergröße (in m)}^2}$$

Beispiel für eine Frau mit 1,70 m Körpergröße und 70 kg:

$$\frac{\textbf{Körpergewicht (in kg) = 70}}{\textbf{Körpergröße (in m)}^2 \textbf{ = 1,702 = 2,89}} = \textbf{24,2}$$

Für Männer gilt ein BMI zwischen 20 und 25 als ideal, bei Frauen zwischen 19 und 24. Die Frau, die wir als Beispiel herangezogen haben, liegt also knapp über der Obergrenze ihres individuellen Idealgewichts.

	Männer	Frauen
Untergewicht	< 20	< 19
Normalgewicht	20 - 25	19 - 24
Übergewicht	25 - 30	24 - 30
Adipositas (Fettsucht)	30 - 40	30 - 40
Schwere Adipositas	> 40	> 40

Huch, wo kommt der Bauch her?

Der Teufelskreis

In den meisten Fällen hat eine langsame und kaum merkliche Gewichtszunahme das Körpergewicht in den Bereich des leichten Übergewichts gebracht. Gleichzeitig haben, fast ebenso unmerklich, Kondition und Beweglichkeit nachgelassen. Bereits in diesem Stadium ist es nicht mehr so einfach, den Bauch »wegzubekommen«.

Oft kann man nicht sagen, womit der Teufelskreis beginnt. Die einen sind durch eine sitzende Tätigkeit behäbig geworden, die anderen essen einfach gerne, die Dritten sind Frustesser usw. Doch immer zieht der Auslöser weitere Konsequenzen nach sich. Und das Ergebnis ist Übergewicht und ein »Bauch«.

* Das liegt einmal daran, dass Sport seitdem mit Frustrationen verbunden ist, denn im Vergleich »zu früher« fällt jemandem mit Bauch jede Bewegung schwer. Nach solch einem erfolglosen »Bewegungs-Intermezzo« treibt das Körpergewicht neuen Höhepunkten zu, und bisher nie erreichte Schallgrenzen auf der Waage werden durchbrochen. Der Schock über diese neue Erfahrung lässt neue sportliche Pläne entstehen, die aber wiederum zum Scheitern verurteilt sind. Bewegungsfähigkeit und Kondition können nun nur unter zähester Disziplin und mit viel Anstrengung wieder hergestellt werden – eine Vorstellung, die viele sofort wieder zurück in den Sessel treibt.

Stress im Bauch

Ein zweiter wesentlicher Faktor für die Entstehung der Speckröllchen am Bauch ist zu viel Stress. Wir wissen heute, dass Stress krank macht. Doch wer die passende Veranlagung mitbringt, den macht Stress auch dick. Wer bei Stress beginnt, übermäßig, falsch und das Falsche zu essen, der legt zwangsweise an Körpergewicht und Umfang zu. Dieses Übergewicht aber ist ein Signal, das eigene Leben zu ändern.

EXTRA

Psychische Anspannung ist zuerst im Bauch zu spüren, weil sich die Bauchmuskeln bei Stress verkrampfen. Wer diese Verkrampfung lösen möchte, dem helfen Ruhe, viel Schlaf und nicht zuletzt die Sexualität, die nicht nur körperlich, sondern auch psychisch dem Bauch zugeordnet wird.

* Im Bestreben, nicht zu versagen, werden sehr oft eigene Bedürfnisse zurückgestellt und vermeintlich wichtigere Aufgabenstellungen vorrangig erledigt. Geschieht dies oft und regelmäßig, kommt es zu Frustrationen, die sich als Stressgefühl zeigen können. Ebenso werden Aggressionen »hinuntergeschluckt«, weil es nicht mit den Anforderungen vereinbar erscheint, Gefühle – und schon gleich gar nicht »negative« – zu zeigen. Doch im Inneren stauen sich die Aggressionen an.

Stress kann aber auch durch permanente »Berieselung« mit ungünstigen Umwelteinflüssen entstehen, ohne dass man sich der Quelle bewusst wird: Straßenlärm, Enge, Hektik sind Beispiele einer schleichenden Stresserzeugung.

* Wer ein »Stress- oder Frustesser« ist, sollte versuchen, nicht nur Übergewicht, sondern auch Überlastung abzubauen. Die Erfahrung zeigt übrigens, dass beides Hand in Hand geht!

Ernährungssünden

Natürlich spielt das Ess- und Ernährungsverhalten eine entscheidende Rolle, wenn es darum geht, Figur und Gewicht zu regulieren. Doch wer mag schon bei jedem Happen die Kalorien zählen? Doch wer zunimmt, sollte sein Ernährungsverhalten einmal detektivisch genau untersuchen. Sie wissen sicherlich selbst am besten, wobei und wann Sie richtig über die Stränge schlagen. Oder ob es bestimmte Vorlieben sind, die Sie schließlich schaudernd von der Waage treiben. Eine goldene Ernährungsregel besagt: »Fett macht fett.« Und diese Regel stimmt. Dass Fastfood, Pommes und Chips sozusagen vor Fett »triefen«, ist allgemein bekannt. Doch wussten Sie, dass es versteckte Fette gibt, und wo sie sich »aufhalten«? Ab Seite 34 im Buch können Sie alles Wissenswerte zu diesem Thema nachlesen.

Leider nimmt man nicht nur durch Fette zu. Auch Süßes und Alkohol enthalten Kalorien in Hülle und Fülle. Wer sich noch nie mit Ernährung beschäftigt hat, sollte sich eine Kalorientabelle mit einer guten Einführung in die Ernährungslehre kaufen.

EXTRA

Die Fatburner

Bestimmte Bausteine unserer Lebensmittel kurbeln den Stoffwechsel so an, dass die Fette auf natürliche Weise vom Organismus verbrannt werden. Die besten Helfer gegen Fettpolster sind Vitamin C, Magnesium und Karnitin (→ auch Seite 40). Doch auch Jod und Eisen, Chrom und Kalzium gehören zu den Fatburnern (engl.: Fettverbrenner).

Mit falschem Ernährungsverhalten ist die Figur schnell ruiniert.

Was hilft wirklich?

Raus aus dem Stress

In erster Linie ist Stress ein Angstsymptom – nämlich die Angst davor, den vielfältigen Anforderungen nicht gerecht werden zu können. Dies gilt nicht nur für den beruflichen Bereich, vielmehr kann dies in hohem Maße auch von privaten Konstellationen abhängig sein – am meisten wohl von der eigenen Partnerschaft.

Wer von alleine nicht in absehbarer Zeit aus dem Stress herausfindet, sollte sich nicht scheuen, professionelle Hilfe in Anspruch zu nehmen. Auch Frust- und Stressesser sollten einmal über diese Möglichkeit nachdenken.

* Um Maßnahmen ergreifen zu können, ist eine sorgfältige Analyse der Lebensumstände notwendig. Sie sollten einen ruhigen Abend mit Block und Bleistift dafür reservieren, um die Gründe niederzuschreiben, die in letzter Zeit zu Stress geführt haben. Sehr wichtig ist also dabei nicht nur die Analyse der Stresssituation selbst, sondern vor allem die Auseinandersetzung mit den auslösenden Gründen.

Zu einer gesunden Lebensweise gehört auch Entspannung.

* Im nächsten Schritt sollten Sie Maßnahmen finden, die Ihnen persönlich gut gegen Stress helfen. Ebenso gut als kurz- wie als langfristiges Mittel gegen Stress haben sich Sport und Bewegung bewährt. Wer also Sport treibt und das Fitnessprogramm mit dem »Bauch-weg-Roller« in seinen Alltag integriert, ist grundsätzlich auf dem richtigen Weg.

* Als Sofortmaßnahme zur augenblicklichen Bewältigung einer Stresssituation sollten Sie dagegen zu kleineren wirkungsvollen Maßnahmen greifen.

- Achten Sie auf Ihre Atmung: Sie sollten im Sitzen mehrmals tief und ruhig durchatmen.
- Gehen Sie, wenn möglich, ans Fenster, drängen Sie Ihre Gedanken zurück, und gucken Sie nur hinaus.
- Entspannen Sie die Bauch- und Kiefermuskulatur, die sich bei Stress in der Regel stark verspannt.
- Suchen Sie einen ruhigen Ort auf, der Ihnen die Möglichkeit gibt, ein paar Minuten vollkommen abzuschalten.
- Erlernen Sie in Kursen bewährte Entspannungstechniken, wie autogenes Training, Atemtherapie, Bewegungstherapie, Meditation, Akupressur.

Ernährungs-umstellung

In Kombination mit dem gezielten Fitnesstraining, das Ihnen der "Bauch-weg-Roller" bietet, wird eine Umstellung der Ernährung sich in jedem Fall günstig auswirken. Sie finden eine Einführung in die richtige Ernährung ab Seite 38 im Buch. Dort stellen wir Ihnen unter anderem auch die zehn Ernährungsrichtlinien vor, die von der DGE (Deutsche Gesellschaft für Ernährung) entwickelt wurden.

Fitness für die Muskeln

Dass ein gesunder Mensch ein positiveres Lebensgefühl verspürt als ein kranker, dürfte einleuchtend sein. Nicht jeder kann aber nachvollziehen, dass sich ein Mensch mit guter körperlicher Fitness wohler fühlt als einer mit konditionellen Mängeln.

* Um Kondition, die verloren gegangen ist, wieder aufzubauen, gibt es nur einen Weg, und der ist Training. Doch diese Vorstellung sollte Sie nicht erschrecken. Ihr ganzer Körper hält, sofern Sie gesund sind, alle Voraussetzungen bereit, um fit zu werden und zu bleiben.

* Konditionstraining, wie Sie es in diesem Buch finden, ist keine Zusatzbelastung, die Sie stresst. Das Programm kommt einem Grundbedürfnis Ihres Körpers entgegen. Wenn Sie es ihm vorenthalten, wird er immer stärkere Signale des Unwohlseins geben.

Zusätzlich zu Stressabbau, Ernährungsumstellung und Fitnesstraining können Sie damit beginnen, sich wie ein schlanker Mensch zu fühlen, zu bewegen und zu ernähren. Sie werden erstaunt sein, wie rasch sich diese Änderung Ihrer Einstellung »sehen lassen« kann.

EXTRA

Kleine Muskelanatomie

Die Bauchmuskulatur besteht vor allem aus geraden, queren, äußeren und inneren schrägen Bauchmuskeln, wobei die durch Sehnen unterteilten geraden Muskeln den begehrten »Waschbrettbauch« ergeben, der jedoch nur bei Männern mit guter Fitness und weitgehender Fettlosigkeit zu bewundern ist. Bei Frauen ist das Fettgewebe der Haut geschlechtsspezifisch stärker entwickelt, so dass das »Muskelrelief« in der Regel kaum zu sehen ist. Die Wirbelsäule wird bei jeder Bewegung der Bauchmuskulatur insbesondere über die queren Bauchmuskeln mit einbezogen. Die Kraft der Bauchmuskeln richtet sich einmal nach oben auf das Zwerchfell und unterstützt damit die Ausatmung. Andererseits helfen sie als so genannte Bauchpresse bei der Entleerung des Enddarms und der Blase.

Training
ganz einfach
Übungs-Programm für Sie

Mit dem »Bauch-weg-Roller« können Sie überflüssige Pfunde einfach wegtrainieren und so Zug um Zug Ihrer Traumfigur näher kommen. Das einfach zu bedienende Fitnessgerät erlaubt auch Anfängern ein gezieltes Fitnesstraining für den Bauch, bei dem selbst Hüfte, Rücken, Schultern und Oberarme nicht zu kurz kommen. Je regelmäßiger Sie den Röllchen am Bauch zu Leibe rücken, desto rascher setzt dort der Fettabbau ein. Zusätzlich bringt das Training mit dem »Bauch-weg-Roller« auch eine Verbesserung der Kondition mit sich. Beginnen Sie also bald, aber beachten Sie die wichtigen Hinweise beim Training.

Das »Roller-Wunder«

Das Prinzip des Rollers

Den Bauch weg rollen – das klingt Ihnen zu einfach? Sie werden überrascht sein. Es funktioniert, denn hinter dem Erfolg des Trainings mit dem »Bauch-weg-Roller« steht eine ebenso einfache wie überzeugende Erkenntnis.

Mit dem »Bauch-weg-Roller« besitzen Sie ein Fitnessgerät, mit dem Sie recht umfassend Ihren Körper trainieren können. Beginnen Sie also vorsichtig, und steigern Sie die Trainingszeit nur langsam!

* **Wenn man sich hinkniet** und die Arme neben dem Körper hängen lässt, passiert zunächst gar nichts, und die Bauchmuskeln sind locker und entspannt. Aber sobald Sie den Oberkörper leicht nach vorne beugen, können Sie sofort spüren, dass sich im Bauchraum etwas verändert. Sie spannen nämlich die Bauchmuskeln an, um nicht – entsprechend den Gesetzen der Schwerkraft – vornüber zu fallen.

* Bei einer solchen Bewegung leisten die Muskeln harte Arbeit. Denn die Bauchmuskeln halten, gemeinsam mit gewissen Teilen der Rückenmuskulatur, das gesamte Gewicht des Oberkörpers. Die Muskeln können sich erst wieder entspannen, wenn Sie die Hände auf den Boden stützen, so dass die Arme das Gewicht des Oberkörpers halten.

* Durch den Roller wird diese Grundbewegung der Muskulatur beim Nach-vorne-neigen in der Bauchmuskulatur verstärkt. Wenn Sie die Hände nämlich nicht auf den Boden stützen, sondern auf den Roller, der sich nach vorne wegbewegen kann, bekommen die Bauchmuskeln kräftig zu tun: Sie müssen verhindern, dass der Roller nach vorne gleitet und Sie »mitzieht«.

* Der zusätzliche innere Widerstand im Roller – in Form eines starken Gummibands – tut zwar das Seine, um die Vorwärtsbewegung rechtzeitig abzubremsen. Doch da nur eine gleichzeitige Arbeit der Bauch-, Rücken- und Armmuskulatur den kontrollierten Bewegungsablauf mit dem Roller ermöglicht, muss der ganze Körper mitarbeiten.
Auch die Rückwärtsbewegung, bei der die Bauch- und Rückenmuskeln gemeinsam Schwerstarbeit verrichten, wird durch den »Bauch-weg-Roller« hinreichend unterstützt.

Ein Plus für die Kondition

Haben Sie den »Bauch-weg-Roller« erstmals eingesetzt, wird es für Sie keine Frage mehr sein, welche Körperpartien außer der Bauchmuskulatur noch trainiert werden!

* **Eindeutig hat die** Rückenmuskulatur ihren Teil zu diesem Bewegungsablauf mit dem »Bauch-weg-Roller« zu leisten: Die Bauchmuskeln sind praktisch der

ausführende Teil, während die Rückenmuskeln die Bewegung unter Kontrolle halten. Denn die Rückenmuskulatur ist das Gegenstück zur Bauchmuskulatur: Im Zusammenwirken wird durch Zug und Gegenzug der Körper aufrecht gehalten. So richtet sich Ihre ganze Haltung auf.

✱ **Indem der Oberkörper** auf die Arme gestützt ist, werden außerdem die Streck- und Beugemuskeln an den Armen sowie die Schultermuskulatur nicht unwesentlich beansprucht. Auch die Muskeln und Sehnen in den Händen sind nicht unbeteiligt, wie Sie sicherlich unschwer feststellen können. Und nicht zuletzt: Po und Oberschenkel trainieren kräftig mit, denn die Beuge- und Streckbewegung des Rumpfes überträgt sich bis auf die ruhenden Knie.

✱ **Es versteht sich von selbst,** dass eine derart umfassende Muskeltätigkeit, die der »Bauch-weg-Roller« von Ihnen verlangt, bei regelmäßigem und sachgemäßem Gebrauch die Kondition steigert. Denn wie bei jeder sportlichen Betätigung beschleunigt sich beim Gebrauch des »Bauch-weg-Rollers« die Atmung, und der Blutdruck erhöht sich. Indem Sie die Trainingszeit langsam steigern, gewöhnt sich Ihr Organismus an diese Belastung. Und Ihre Kondition verbessert sich zusehends.

Straffer Bauch – flacher Bauch

Was hat nun aber der umfassende Fitnesseffekt des Geräts mit dem Wunsch zu tun, überflüssige Pfunde am Bauch zu verlieren? Der Zusammenhang ist direkt: Denn Tatsache ist, dass eine Stärkung der Bauchmuskulatur »automatisch« zu einem flacheren Bauch führt. Die erstarkten Muskeln sind in der Lage, die inneren Bauchorgane zu stabilisieren und sie im Bauchraum zurückzuhalten. Das heißt nichts anderes, als dass vor allem Magen und Darm daran gehindert werden, von innen gegen die Haut drücken zu können und sie damit sichtbar nach vorne zu wölben.

✱ **Durch das regelmäßige** Training mit dem »Bauch-weg-Roller« wird also nicht nur der Bauch flacher. Gleichzeitig werden Sie spüren, dass Sie sich leichter fühlen. Das liegt daran, dass der Druck »nach unten«, den Sie im Gehen, Stehen und Sitzen verspürt haben, nachlässt. Auch das kommt daher, dass die Verdauungsorgane wieder tiefer im Körperinneren liegen.

Trainingsschritte

Die Vorbereitung

Vor dem ersten Üben sollten Sie sich mit dem Roller schon einmal ein wenig vertraut machen. Probieren Sie das Gerät zum Beispiel auf einem großen Tisch aus, um zu entdecken, wie es in den Händen liegt. Der Widerstand, den Sie beim Schieben des Rollers bemerken, darf Sie nicht beunruhigen. Er ist eingebaut, um einerseits die Muskelarbeit zu erhöhen. Andererseits leistet er beim Vorwärtsrollen Unterstützung, denn so werden Sie nicht so leicht – im wahrsten Sinn des Wortes – auf den Bauch fallen.

* Suchen Sie sich zum Trainieren eine ebene Fläche aus, die groß genug ist, dass Sie bequem knien und den Roller vor und zurück schieben können. Da Sie sicher immer den gleichen Platz zum Üben aufsuchen werden, sollten Sie schon jetzt daran denken, dass Sie später beim Rollen zur Seite genügend Platz nach links und nach rechts haben.

* Für das Üben auf einer weichen Unterlage ist der Roller nicht geeignet. Wenn Sie also gegebenenfalls eine Matte unter die Knie legen, dann sollte sie dem Roller nicht im Weg sein, weil sie sonst den flüssigen Bewegungsablauf unterbricht.

Ausgangsposition

Sie knien sich mit einem Polster unter den Knien auf den Boden und stellen den Roller etwa einen halben Meter entfernt vor sich hin. Nun fassen Sie den Roller mit beiden Händen an den Griffen.

Das beste Rezept gegen anfänglich möglichen Muskelkater: Üben Sie locker und entspannt. Wenn Sie die Körperarbeit zudem mit ruhiger Atmung begleiten und auf Signale der Überanstrengung achten, sollte sich das bekannte Ziehen in den Muskeln in Grenzen halten.

Aufwärmen und eingewöhnen

Sie gewöhnen sich am besten an den »Bauch-weg-Roller«, indem Sie ihn zuerst einige Male etwas zu sich heranziehen und dann wieder in die Ausgangsstellung zurückfahren.

1 Schieben Sie als nächsten Schritt aus der Ausgangsposition maximal 20 Zentimeter nach vorne weg. Achten Sie darauf, sich nicht zu sehr auf den Roller stützen zu müssen.

2 Verlängern Sie den Rollweg immer mehr, bis Sie sich an die weitmöglichste Bewegung nach vorne gewöhnt haben. In dieser Stellung ist der Körper weitgehend gestreckt – Po, Rücken, Bauch und Oberkörper bilden nahezu eine Gerade. So bekommen Sie rasch ein sicheres Gefühl für den Bewegungsablauf, der Ihnen nach kurzer Zeit in Fleisch und Blut übergegangen sein wird.

* **Achtung:** Vermeiden Sie beim Strecken des Körpers unbedingt ein Hohlkreuz, indem Sie die Wirbelsäule und damit den Bauch durchhängen lassen – denn Rückenschmerzen könnten die Folge sein. Halten Sie den Rücken gerade – wie bei Liegestützen!

Je mehr Ihnen die Grundbewegung in »Fleisch und Blut« übergeht, desto besser. Der Körper sehnt sich nach bekannten Bewegungsabläufen und wird später immer wieder von sich aus das Signal zum Training mit dem Roller geben.

Übung

1. Lockere Ausgangshaltung. Das Körpergewicht ruht in der unteren Körperhälfte.

2. Stützen Sie sich beim Rollen nach vorne nicht auf die Arme. Belassen Sie den Körperschwerpunkt im Becken.

Einfaches Rollen

Fürs Erste sollten Sie nicht mehr als eine Minute pro Trainingseinheit mit dem »Bauch-weg-Roller« trainieren. Wenn die sportliche Betätigung bei Ihnen bisher eher zu kurz gekommen ist, werden Sie gegen Ende dieser Minute auch den Drang verspüren, eine Pause einzulegen. Die Übung wirkt sehr intensiv. Deshalb wird sie Sie besonders dann, wenn Sie lange nicht trainiert haben, überraschen. Lassen Sie sich und Ihrem Körper Zeit, sich an die zunächst noch ungewohnte Belastung zu gewöhnen.

1 Beginnen Sie mit langsamer »Fahrt« geradeaus nach vorne und zurück, und versuchen Sie, in den Rhythmus eines runden Bewegungsablaufs zu gelangen.

2 Vermeiden Sie ruckartige Bewegungen an den Umkehrpunkten. Suchen Sie nach einem Tempo, das Ihnen noch nicht zu viel Anstrengung verursacht. In den nächsten Trainingseinheiten können Sie ja etwas an Geschwindigkeit zulegen, ohne den fließenden Rhythmus zu verlieren.

Steigern Sie die Trainingseinheit mit der Zeit auf etwa fünf Minuten. Wenn Ihnen das zu lang ist, ist das auch kein Problem, denn kürzere Trainingseinheiten sind besser als keine.

Rollen zur Seite

Die Kombination von Rollen geradeaus nach vorn und Rollen etwas schräg zur Seite verlangt schon etwas Übung und Sicherheit mit dem »Bauch-weg-Roller«. Allerdings werden mit dieser Übung sämtliche Bauchmuskeln gleichmäßig trainiert, was für die Fitness und für einen flachen Bauch von Vorteil ist.

1 Beginnen Sie mit der üblichen Bewegung geradeaus nach vorn, und weichen Sie bei der nächsten Vorwärtsbewegung so weit nach rechts ab, dass Sie etwa 20 Zentimeter neben dem Umkehrpunkt der Geradeaus-Bewegung umkehren (etwa 10–15° Abweichung von der Geraden). Dann wieder zurückrollen.

2 Die nächste Vorwärtsbewegung beginnt wieder geradeaus, bevor Sie wieder von der Geraden, diesmal nach links abweichen. Achten Sie darauf, die Abweichungen nach links und nach rechts immer im gleichen Winkel zu »fahren«. Sie belasten sonst die Muskeln in Bauch und Rücken ungleichmäßig.

3 Die Reihenfolge lautet also:
- gerade, rechts, gerade, links
- gerade, rechts, gerade, links und so weiter ...

Übung

1. Sie schieben den Roller zunächst nach rechts vorne und gehen wieder zurück.

2. Dann schieben Sie den Roller gerade nach vorne und wieder zurück.

3. Die Trainingseinheit endet mit dem Rollen nach links vorne - und wieder zurück.

Training mit Köpfchen

Grundsätzlich sollten Sie regelmäßig Sport treiben. Das heißt nun aber nicht, dass Sie täglich eine bis zwei Stunden Fitness- und/oder Ausdauertraining machen müssen! Nein, richtiger und besser für die Gesundheit ist es, regelmäßig moderat zu trainieren. Wer nur ab und zu sportelt, dann aber – sozusagen »zum Ausgleich« – sehr intensiv, schadet seinem Kreislauf, den Muskeln und Bändern.

Die Zeit richtig einteilen

Wenn Sie die Disziplin aufbringen, mit dem »Bauch-weg-Roller« einmal täglich zu trainieren, werden Sie in wenigen Wochen Erfolge feiern können. Zu den fünf Minuten mit dem Roller müssen Sie allerdings etwa 15 Minuten Aufwärmgymnastik und Auflockerungsübungen rechnen, so dass Sie längstens eine halbe Stunde täglich für das gesamte Programm reservieren müssen.

Mit der richtigen Ausstattung können Sie mehr Spaß am Training haben. Wichtig sind vor allem Knieschoner oder eine weiche Unterlage unter den Knien. Warme Socken und rutschfeste, nicht zu harte Schuhe geben guten Halt. Und ein schickes Outfit aus atmungsaktivem Material hebt die Laune!

✱ **Fitness-Spezialisten** sind der Meinung, dass das Training dreimal wöchentlich ausreicht, um die Kondition deutlich zu verbessern. Nicht die Steigerung der Anzahl von Trainingseinheiten ist zu empfehlen, sondern die Steigerung der Trainingsdauer pro Einheit. Das heißt, dass Sie mit dem Roller nicht wesentlich über fünf Minuten ohne Pause trainieren sollten.

✱ **Kurzum: Es liegt an** Ihnen, wie Sie den Zeitplan für das Training mit dem »Bauch-weg-Roller« gestalten. Ob siebenmal in der Woche eine halbe Stunde oder dreimal eine Stunde – wichtig ist nur, dass Sie es so einrichten, dass Sie langfristig »am Ball« bleiben.

Nicht übertreiben – klein anfangen

Waren Sie in letzter Zeit bei sportlicher Betätigung eher zurückhaltend, so sollten Sie jetzt nicht gleich zu ehrgeizig starten. Denn der Körper muss sich an die neue, anstrengende Situation erst einmal gewöhnen. Es heißt also, zunächst in gemächlichem Tempo anzufangen und es mit der Zeit zu steigern.

✱ **Die Anzahl der** Trainingseinheiten sollte jedoch schon von Anfang an der späteren Trainingsplanung angepasst sein. Unser Tipp: Trainieren Sie dreimal in der Woche bei zunächst kürzerer Trainingsdauer. Und steigern Sie später im Einklang mit wachsender Kondition und besserer Fitness die Dauer der Trainingseinheiten.

✱ **Wenn Sie sich dagegen** die Disziplin zutrauen, öfter oder gar täglich zu trainieren, dann spricht nichts dagegen. Denken Sie aber daran, dass die Regelmäßigkeit der körperlichen Betätigung einen der wichtigen Faktoren für den Erfolg Ihrer Bemühungen darstellt.

Wenn Sie also das tägliche Training aus Zeitgründen nicht schaffen, dann beginnen Sie lieber mit dreimal in der Woche – diesen Trainingsrhythmus sollten Sie aber auf jeden Fall über einen längeren Zeitraum einhalten können.

Den Körper beobachten

Sehr wichtig ist, dass Sie Ihren Körper in jeder Phase des Trainings beobachten bzw. in sich »hineinhören« – ganz besonders jedoch in der Anfangsphase, in der der Körper noch mit der ungewohnten Beanspruchung zu »kämpfen« hat.

* **Verspüren Sie Schmerzen** in Muskeln und/oder Sehnen, sollten Sie die Trainingseinheit abbrechen. Überprüfen Sie, ob Sie sich an die Anwendungsanleitung des Fitnessgeräts gehalten haben. Ist dies nicht der Fall, gehen Sie zu Beginn des nächsten Trainings die Anleitung noch einmal Schritt für Schritt durch.

* **Sie sollten zudem Ihre** Körperhaltung während des Trainings genau beobachten, denn Verkrampfungen aufgrund falscher Haltung können zu Schmerzen führen.

* **Achtung:** Treten während des Trainings Schwindelgefühl, Brustschmerzen, Flimmern vor den Augen, Übelkeit und/oder andere ungewöhnliche Beschwerden auf, stellen Sie das Training sofort ein, und sprechen Sie mit Ihrem Arzt über diese Symptome.

Rückenpatienten aufgepasst!

Sind Sie nicht mehr die/der Jüngste, sollten Sie das »O.K.« Ihres Arztes für das Fitnesstraining einholen. Das gilt vor allem, wenn Sie wegen eines Rückenleidens in ärztlicher Behandlung sind und Probleme mit der Bandscheibe haben!

* **Für Schwangere ist das** Training mit dem »Bauch-weg-Roller« in den ersten Monaten der Schwangerschaft grundsätzlich nicht schädlich, verfehlt aber naturgemäß den Hauptzweck des »Bauch-weg-Rollers«. Wollen Sie aber aus Gründen der Fitness damit trainieren, besprechen Sie dies sicherheitshalber mit Ihrem Frauenarzt, und beobachten Sie aufmerksam die Reaktionen Ihres Körpers. Stellen Sie bei der geringsten ungewöhnlichen Reaktion das Training sofort ein!

* **Vergessen Sie die** Atmung nicht! Es unterstützt das Training, wenn Sie versuchen, die Körperarbeit mit dem Rhythmus Ihrer Atmung zu unterstützen.

Mit dem Laufen, Gehen und Arme Schwingen sollten Sie jede Trainingseinheit beginnen. Diese drei Übungen sind zwar unspektakulär, aber sie bringen den Kreislauf und die Atmung in Schwung. So signalisieren Sie dem Körper, dass er aus der Ruhe in die Aktivität kommen soll.

Aufwärmgymnastik

Wir empfehlen, dass Sie vor jeder Trainingseinheit mit dem »Bauch-weg-Roller« etwa 5 bis 10 Minuten Aufwärmgymnastik betreiben. Damit verhindern Sie, dass Muskeln, die Sie beim Training belasten wollen, zu diesem Zeitpunkt noch zu kalt sind und durch eine zu plötzliche Belastung Schaden nehmen können.

Bewegung mit Schwung bringt noch mehr Spaß, wenn Sie dabei Musik laufen lassen, die Ihnen gute Laune bringt. So vertreiben Sie nicht nur die Fettpölsterchen am Bauch, sondern auch den Frust aus der Seele. Versuchen Sie es doch auch einmal mit heißen südamerikanischen Rhythmen.

Laufen auf der Stelle

Das Laufen auf der Stelle hilft dem Körper von allen Übungen am besten, aus der Ruhe in die Tätigkeit zu gelangen.

1 Gehen Sie zunächst zwei Minuten langsam auf der Stelle, beschleunigen Sie wiederum zwei Minuten etwas, und gehen Sie schließlich weitere zwei Minuten lang in ein ruhiges Joggen über.

Die Arme schwingen

Gut geeignet für das Aufwärmen vor einer Trainingseinheit mit dem »Bauch-weg-Roller« ist das einfache Schwingen der Arme von vorne nach hinten. Beginnen Sie auch diese Übung langsam, so dass sich die Brust- und Schultermuskulatur langsam erwärmen kann. Zu heftiges Schwingen von Beginn an könnte zu Schäden in der Schultermuskulatur führen. Führen Sie die Aufwärmgymnastik wechselweise durch.

1 Schwingen Sie je eine Minute lang beide Arme parallel von vorne nach hinten und zurück, dann eine Minute lang gegenläufig.

Gehen

Suchen Sie sich eine Stelle aus, von der aus Sie einige Meter weit ohne Hindernisse gehen können.

1 Gehen Sie langsam los, und ziehen Sie nach jedem Schritt abwechselnd ein Knie hoch bis an die Brust – oder so weit es eben geht. Mit dieser Übung werden die Bauchmuskeln gut aufgewärmt.

Hüpfen auf der Stelle

Ist Ihr Radius für das Gehen zu sehr eingeschränkt, sollten Sie auf der Stelle hüpfen.

1 Ziehen Sie das eine Knie hoch, und hüpfen Sie auf dem anderen Fuß weiter. Wechseln Sie nach jeweils etwa fünf Hüpfern das Bein. Geht Ihnen dabei die Puste aus, oder beginnt die Beinmuskulatur zu zwicken, gehen Sie in leichtes Laufen auf der Stelle über, und schütteln Sie dabei die Beine aus.

Hampelmann

Etwas mehr Puste brauchen Sie für den Hampelmann. Diese Übung sollte an eine leichtere der Aufwärmübungen höchstens eine Minute lang angeschlossen werden und den Abschluss der Aufwärmübungen bilden. Hampelmann heißt diese Übung, weil die Arme und Beine – wie an der Schnur gezogen – synchron beim Springen bewegt werden. Versuchen Sie einen gleichmäßigen, nicht zu langsamen Rhythmus beim Springen zu finden.

1 Stellen Sie sich also locker mit geschlossenen Beinen und herabhängenden Armen auf, und springen Sie nun mit beiden Beinen nach außen, wo Sie mit gespreizten Beinen Stand suchen, aber gleich wieder zurückspringen und so weiter.

2 Die Arme werden im Rhythmus der Sprünge seitwärts nach oben geworfen, indem sie gestreckt nach oben weisen, wenn die Beine geschlossen sind, und schräg nach unten, wenn die Beine gespreizt stehen.

Seilspringen

Ähnlich wie der Hampelmann ist das Springen mit dem Seil schon recht anstrengend und erfordert zumindest bereits angewärmte Muskeln. Denn die Arm- und Schultermuskulatur wird dabei intensiv in Anspruch genommen – Gleiches gilt für die Oberschenkelmuskeln.

1 Versuchen Sie einen gleichmäßigen, nicht zu langsamen Rhythmus beim Springen zu finden. So fällt diese Übung leichter, denn das Tempo bestimmt das Seil, das nur ab einer bestimmten Mindestgeschwindigkeit problemlos in Schwung gehalten werden kann.

Bewegung mit Schwung bringt noch mehr Spaß, wenn Sie dabei Musik laufen lassen, die Ihnen gute Laune bringt. So vertreiben Sie nicht nur die Fettpölsterchen am Bauch sondern auch den Frust aus der Seele. Versuchen Sie es doch auch einmal mit heißen südamerikanischen Rhythmen.

Stretching

Auch Stretching ist vor dem Einsatz des »Bauch-weg-Rollers« zu empfehlen. Damit beugen Sie zum einen Muskelverletzungen vor, weil die Muskeln gut aufgelockert werden und für Verletzungen kaum mehr anfällig sind. Zum anderen wird die Leistungsfähigkeit während des Sports erheblich verbessert.

Der Wechsel von bewusster Spannung und Entspannung macht den Trainingseffekt des Stretching aus.

✱ Lassen Sie sich Zeit! Bringen Sie den Körper nur langsam in die Stretchingstellung. Auch die Dehnung selbst darf nur vorsichtig und behutsam in fließender Bewegung erfolgen.

✱ **Suchen Sie langsam** den äußersten Punkt der Dehnung. Überdehnen Sie keinesfalls, vermeiden Sie ruckartige Bewegungen, und wippen Sie nicht nach! Halten Sie diese Stellung, in der Sie nur ein leichtes Ziehen in den gedehnten Muskeln verspüren dürfen, etwa 30 Sekunden.

Gesäß und Bauch

Diese Übung lockert die Muskeln, die beim Training mit dem »Bauch-weg-Roller« am meisten beansprucht werden.

1 Nehmen Sie eine bequeme Rückenlage ein, und breiten Sie die Arme aus.

2 Ziehen Sie beide Beine so weit wie möglich an, und legen Sie sie parallel zueinander in der angezogenen Stellung auf die gleiche Seite. Die Arme bleiben bei der Drehung beide auf dem Boden liegen. Je stärker die Drehung in der Hüfte, umso mehr werden Gesäßmuskeln und schräge Bauchmuskeln gedehnt. Wechseln Sie die Seiten nach etwa 30 Sekunden.

Übung

1. Beim Liegen die Beine parallel halten. Wer Kreuzprobleme hat, kann die Füße auch aufstellen.

1.

2.

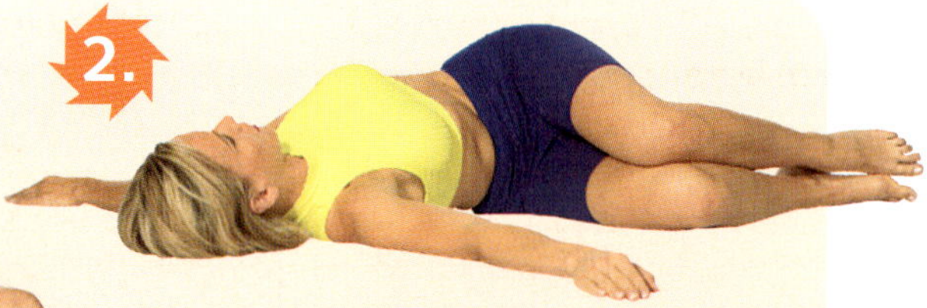

2. Die Dehnung sollte spürbar sein, aber keine Schmerzen bereiten. Halten Sie die Endposition nicht länger als 30 Sekunden.

Übung

1a Sie stehen mit geradem Rücken und umfassen die Arme über dem Kopf.
1b Lenken Sie Ihren Atem während der Übung dorthin, wo Sie die Dehnung am stärksten spüren. Nicht wippen!
2. Diese so einfach aussehende Übung kräftigt den ganzen Körper und ist die beste Basis für Beweglichkeit bis ins hohe Alter.

Seiten – Bauch – Rücken

1a Spreizen Sie die Beine im Stehen, so dass die Füße gut einen halben Meter voneinander entfernt sind. Beugen Sie den linken Arm hinter den Kopf, indem Sie ihn mit der Hand am Hals »einhaken«. Mit dem rechten Arm fassen Sie den Ellbogen des linken Arms über dem Kopf.

1b Neigen Sie den Oberkörper nach rechts weit zur Seite. Sie spüren die Dehnung auf der linken Seite vom Oberarm über Schulter, Rücken, Hüfte bis in die seitlichen Bauchmuskeln. Sie verstärken die Dehnung, indem Sie die Hüfte weiter nach außen stellen. Wippen Sie mit dem Oberkörper nicht, sondern verharren Sie in einer für Sie gerade noch angenehmen Stellung etwa 30 Sekunden. Wechseln Sie die Seite.

2 Setzen Sie sich mit nach vorne ausgestreckten Beinen auf den Boden. Greifen Sie mit den Händen, soweit es geht, langsam nach vorne. Sie müssen nicht unbedingt die Füße erreichen, denn es kommt allein auf die Dehnung in Waden, Knie und Oberschenkel an – die kann bereits stark genug sein, wenn Sie von den Zehenspitzen noch ein gutes Stück entfernt sind.

Sie müssen die einzelnen Schritte des Stretchings nicht in einem Zug durcharbeiten. Gönnen Sie sich ruhig zwischen den Steps einige ruhige Atemzüge in einer für Sie bequemen Haltung. Sie dürfen dabei nur nicht auskühlen.

3 Stützen Sie sich mit der rechten Hand an einer Wand ab, fassen Sie den linken Fuß mit der linken Hand, und ziehen Sie ihn langsam an das Gesäß hoch. Dabei sollte der Fuß gerade hoch und nicht zur Seite gezogen werden. Sie verstärken die Dehnung, indem Sie das Knie etwas nach hinten drücken. Wechseln Sie nach dem Dehnen des linken Oberschenkels die Seite.

4 Legen Sie sich flach mit dem Rücken auf den Boden, ziehen Sie beide Beine an, und fassen Sie mit den Händen hinter die Knie. Ziehen Sie die Knie mit den Händen eng bis an die Brust – der Kopf bleibt dabei auf dem Boden liegen. Beobachten Sie die Dehnung im Rücken genau, über ein leichtes Ziehen sollte die Dehnung nicht hinausgehen. Achten Sie darauf, dass Sie die Beine nur langsam wieder ausstrecken.

5 Knien Sie sich mit dem rechten Bein auf den Boden, und stellen Sie den linken Fuß flach auf den Boden. Das rechte Bein strecken Sie aus der knienden Position nach hinten, strecken Sie es durch, und achten Sie darauf, mit dem Knie nicht den Boden zu berühren. Halten Sie den Oberkörper gerade aufrecht, und dehnen Sie den Körper behutsam. Wiederholen Sie die Übung mit dem anderen Bein.

Übung

3. Mit dieser Lockerungsübung entspannen Sie die Oberschenkel.
4. Währen dieser Übung lastet viel Gewicht auf der Lendenwirbelsäule. Deshalb sollten Sie sie sehr behutsam machen.
5. Diese Bewegung lockert und kräftigt die Muskulatur der Hüfte – und bringt Sie außerdem in Topform.

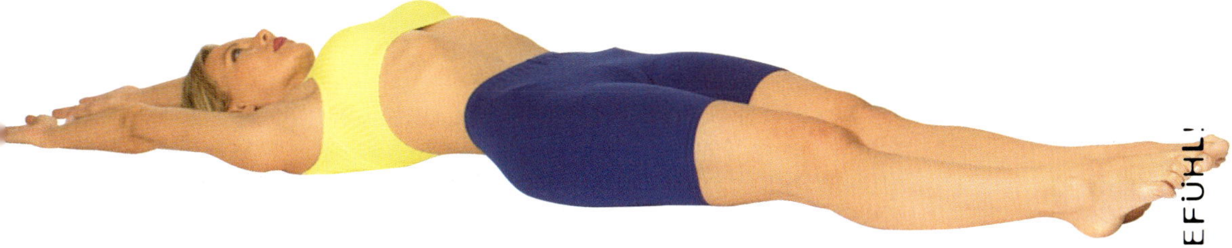

Ganzkörperstretching

Diese Übung ist ein perfekter Abschluss des Stretchings, denn so wird der Körper noch einmal gelockert und besser durchblutet.

1 Legen Sie sich flach mit dem Rücken auf den Boden, schließen Sie die Beine, und strecken Sie die Arme parallel zueinander über den Kopf nach hinten aus.

2 Die Spannung im ganzen Körper erreichen Sie, indem Sie die Zehen weit nach vorne strecken, wobei der Fuß fast eine Linie mit dem Schienbein bildet und die Fingerspitzen so weit wie möglich nach hinten gestreckt werden, wobei der Handrücken flach auf dem Boden liegt.

Training mit System

Die Stretchingübungen dienen der Lockerung. Und ebenso locker sollten Sie auch innerlich an sie herangehen. Es kommt nicht darauf an, alle Übungen stur durchzuarbeiten. Suchen Sie sich die Einheiten heraus, die Ihnen Freude machen. Oder wählen Sie nur diejenigen aus, die Ihnen besonders gut tun.

Um bestimmte Muskelpartien zu lockern, können Sie mit der Übung »Seiten – Bauch – Rücken« gezielt arbeiten. So können Sie schmerzende Muskelpartien einzeln lockern und kräftigen.

- Step 1a und 1b für die Seiten und den breiten Rückenmuskel ➔ Seite 25
- Step 2 für Kniesehne, Waden- und Oberschenkelmuskeln ➔ Seite 25
- Step 3 für die Oberschenkelvorderseite ➔ Seite 26
- Step 4 für den Rücken ➔ Seite 26
- Step 5 für die Hüften ➔ Seite 26.

Lassen Sie sich bei dieser Übung Zeit, und machen Sie sie nur in einem Rhythmus von Anspannung und Entspannung, der Ihnen gut tut. Vor allem bei Rückenproblemen ist es richtig, den kleinen Muskeln, die die Wirbelsäule halten, Gelegenheit zu geben, sich nach und nach zu entkrampfen.

EXTRA

Training mit System

Alle Stretchingübungen dienen der Lockerung der Muskeln. Um bestimmte Muskelpartien zu lockern, können Sie gezielt arbeiten:

– Für die Seiten und den Rücken: Steps 1a und 1b
– Für die Kniesehnen, Waden- und Oberschenkel: Step 2
– Für die Oberschenkelvorderseite: Step 3
– Für den Rücken: Step 4
– Für die Hüften: Step 5

Ein sinnvolles Plus

Der richtige Rhythmus

Beim Training mit dem »Bauchweg-Roller« gerät die Rückenmuskulatur zwar auch mit in Bewegung, doch ein Aufbau gelingt damit nicht. Wir stellen Ihnen deshalb zusätzlich einige Übungen vor, mit denen Sie Ihren Rücken fundamental stärken können. Ein sinnvolles Training, das Sie langfristig vor Rückenschmerzen und Bandscheibenproblemen bewahren kann.

Wer spürt, dass er zunehmend mit Rückenschmerzen zu kämpfen hat, sollte sich auch einmal Zeit nehmen, seine Arbeits- und Lebensbedingungen zu prüfen. Viele Rückenpatienten laden sich zu viel Verantwortung auf und leiden still unter der Last, stark und erfolgreich sein zu müssen.

✱ Machen Sie mehrere davon hintereinander, legen Sie immer eine Minute Pause dazwischen ein. Achten Sie darauf, dass Sie bei keiner der Übungen ein Hohlkreuz machen, sondern halten Sie den Rücken gerade und locker.

✱ Die Übungen für den »unteren Rücken«, für den »starken Nacken« und für die »diagonalen Rückenmuskeln« sollten vor allem dann zu Ihrem täglichen Repertoire gehören, wenn Sie bereits häufiger leichte Rückenschmerzen verspüren.

Nehmen Sie diese Warnsignale Ihres Körpers nicht auf die leichte Schulter! Mit Bandscheibenproblemen ist nicht zu spaßen. Trotz aller Operationsmethoden, die heute selbst bei einem schweren Bandscheibenvorfall helfen können, geben nur diese und ähnliche Übungen dem Rücken auf Dauer die nötige Kraft.

Für den unteren Rücken

Hier tut eine weiche Matte als Unterlage gut.

1 Nehmen Sie den Vierfüßlerstand ein, stützen Sie sich also auf Händen und Knien mit durchgestrecktem Rücken ab.

2 Strecken Sie ein Bein waagrecht nach hinten aus, so dass es eine gerade Linie mit dem Rücken bildet. Ziehen Sie die Fußspitze dieses Beins in Richtung Schienbein, und spannen Sie gleichzeitig die Bauchmuskeln kräftig an.

3 Wiederholen Sie die Übung mit dem anderen Bein, nachdem Sie die Übung etwa fünfmal gemacht haben.

Für Nacken und diagonale Muskulatur

Der Stuhl, auf dem Sie während der Übung sitzen, muss so hoch sein, dass Knie und Knöchel rechte Winkel bilden. Bei dieser Übung bitte innerlich sehr aufmerksam mitgehen, um die Nackenmuskulatur nicht durch ungeschicktes Reißen zu verletzen.

1 Nehmen Sie in aufrechter Haltung auf einem Stuhl Platz, wobei die Beine nicht fest geschlossen, sondern leicht auseinander stehen sollten. Führen Sie die linke Hand über den Kopf an das rechte Ohr. Damit »ziehen« Sie den Kopf vorsichtig in Richtung der linken Schulter. Drücken Sie gleichzeitig mit dem Kopf gegen die Hand nach rechts, und stretchen Sie, bis Sie eine leichte Spannung im Nacken spüren.

2 Setzen Sie sich nun mit aufrechtem Oberkörper hin. Den rechten Arm winkeln Sie nach innen gerichtet an und schließen die Hand kräftig zur Faust – der Ellbogen zeigt auf den linken Oberschenkel.

3 Das linke Bein heben Sie an, und gleichzeitig beugen Sie den rechten Ellbogen in Richtung linkes Knie, ohne dass diese sich berühren müssen. Wiederholen Sie die Übung (linker Arm abgewinkelt).

✱ Lassen Sie die Muskulatur kurz entspannen, und wiederholen Sie die Übung mindestens dreimal. Wechseln Sie erst dann die Seite.

1. Halten Sie beim Lockern des Nackens bitte den ganzen Rücken gerade und aufrecht.
2. Den rechten Ellbogen über dem linken Knie in Ausgangsstellung bringen und dabei einatmen.
3. Die Bewegung selbst sollten Sie nicht mit Schwung ausüben. Setzen Sie nur Ihre Muskelkraft ein.

Die Schultern lockern

Fast jeder, der am Computer arbeitet, sitzt dabei nicht gerade. Eine solche Fehlhaltung aber verursacht auf Dauer Rückenprobleme.

✱ Sie sollten wissen, dass auch Rückenprobleme, die im unteren Bereich auftreten, eine Auswirkung der Fehlhaltung im Nacken- und Schulterbereich sind: Die Wirbelsäule nimmt die Spannung aus dem oberen Bereich auf und versucht, sie im unteren Bereich auszugleichen. Achten Sie also darauf, zumindest einmal am Tag ausgleichende Übungen zu machen.

Schuhe mit Gummisohle verhindern bei dieser Übung, dass Sie wegzurutschen.

1 Stellen Sie sich so mit dem Rücken an eine Wand, dass die Füße etwa 20 Zentimeter davon entfernt sind, und winkeln Sie beide Arme an. Lehnen Sie sich mit den Ellbogen gegen die Wand, und drücken sich langsam einige Zentimeter ab.

✱ Alternativ können Sie die Schultern auch mit dieser zweiten Übung zwischendurch untertags so lockern:

2 Im Stehen den Kopf zur Seite neigen, und den anderen Arm wegstrecken.

1. Bei der Übung an der Wand sind Hände und Ellbogen etwa auf Höhe der Taille.
2. Beim Neigen des Kopfes nach links den rechten Arm wegstrecken und die Hand anziehen, bis Sie die Spannung spüren. Die Übung auf der anderen Seite wiederholen.

Für die geraden Rückenmuskeln

Ziehen Sie für diese Übung dicke Socken an, oder verwenden Sie eine weiche Unterlage.

1 Setzen Sie sich mit aufrechtem Oberkörper auf den Boden, so dass der Po direkt auf die Fersen zu sitzen kommt. Die Fußrücken drücken Sie fest gegen den Boden. Die Arme lassen Sie locker nach unten hängen, winkeln jedoch die Hände nach außen ab, und drücken Sie sie in der Luft nach unten. Den Rücken richten Sie in kerzengerader Stellung auf.

2 Beugen Sie sich mit geradem Rücken langsam nach vorne, und richten Sie sich ebenso langsam wieder auf.

3 Wiederholen Sie diese Übung dreimal.

Diese Übungen stammen aus der Heil- und Krankengymnastik. Anders als die Aufwärm- und Stretchingübungen haben sie einen nachweisbaren therapeutischen Effekt auf alle Bereiche der Wirbelsäule.

Den oberen Rücken stärken

Achtung: Drehen Sie sich nur so weit, wie Sie es ohne Beschwerden können.

1 Legen Sie sich flach mit dem Rücken auf den Boden, und ziehen Sie etwas die Beine an, so dass Ober- und Unterschenkel zum Boden jeweils einen Winkel von etwa 45° bilden.

2 Verschränken Sie die Hände hinter dem Kopf, heben Sie Kopf und Schultern, soweit es Ihnen möglich ist.

3 Anschließend wird der Oberkörper nach links und dann nach rechts gedreht.

Ernährung gewusst wie

Lecker-leichte Basis

Auch wenn Sie jeden Tag stundenlang trainieren, wird Ihnen – was den Bauchumfang betrifft – kaum ein sichtbarer Erfolg beschieden sein, wenn Sie nicht gleichzeitig Ihre Ernährung einer kritischen Prüfung unterziehen. Kommen Sie zu dem Schluss, dass Sie zu viele Fette zu sich nehmen, sollten Sie handeln: Fettarm und ausgewogen essen, ist die Devise für die Zukunft! Daran kann man sich gewöhnen, denn nicht Verzicht ist angesagt, sondern die richtige Kombination an Nährstoffen, um sich dauerhaft gesund und fit zu fühlen.

Fett ist nicht gleich Fett

Die ungeliebten Depots

Fette können für unseren Organismus sowohl lebenswichtig als auch schädlich sein – je nachdem, um welche Fette es sich handelt und/oder in welchen Mengen sie im Körper vorkommen. Kein Fitnesstraining der Welt – auch nicht unser »Bauch-weg-Roller« – kann als Ziel haben, den Körper völlig fettfrei zu machen.

Fette erfüllen in unserem Körper lebensnotwenige Aufgaben. So transportieren sie die fettlöslichen Vitamine A, D, E und K, die im Darm aufgeschlüsselt werden, in das Blut. Denn diese Vitamine können sich nur an Fettmoleküle »anhängen«.

✱ **Überschüssiges Fett** sammelt sich in unserem Körper in so genannten Fettdepots an – es kommt also darauf an, nicht die Anzahl der Depots zu verringern, was auch gar nicht möglich ist, sondern diese weitgehend zu räumen. Denn Fette sind so genannte Depotstoffe des Körpers, was bedeutet, dass Überschüssiges nicht ausgeschieden, sondern in den über 30 Milliarden Fettzellen gespeichert wird, die im ganzen Körper verteilt sind. Diese Zellen, die bis zum Dreifachen ihres ursprünglichen Volumens anschwellen können, sind nur zu dem Zweck vorhanden, Fett zu speichern. Das bedeutet, dass bei einem normalgewichtigen Menschen viele der Fettzellen nicht gefüllt sind, die Fettdepots also zum großen Teil leer bleiben. Beim übergewichtigen Menschen sind viele dieser Fettzellen belegt und sorgen für Übergewicht.

Wofür wir Fett brauchen

Die wichtigen Funktionen von Fetten im Organismus, und damit ihre positiven Seiten, sind:

- Fette sind Energieträger.
1 Gramm Fett liefert 9,3 Kilokalorien oder 38 Kilojoule.
- Fette sind am Stoffwechsel beteiligt, und liefern essenzielle Fettsäuren, die vom Körper nicht hergestellt werden können.
- Sie sind Träger des Geschmacks von vielen Nahrungsmitteln und sind für deren Konsistenz verantwortlich.

Fette und Öle sollten immer mit Bedacht ausgewählt werden.

- Etwa die Hälfte des Körperfetts liegt unter der Haut und dient als wärmendes Polster.
- Fette machen satt, denn sie werden im Magen am langsamsten von allen Nährstoffen verdaut.
- Fette polstern die Organe und schützen sie vor Erschütterungen.

* Negative Auswirkungen auf den Organismus haben Fette immer dann, wenn mehr von ihnen im Körper vorhanden sind, als verbraucht werden können oder wenn grundsätzlich die »falschen« Fette zugeführt werden. Man sollte täglich nicht mehr als 1 Gramm Fett pro 1 Kilogramm Körpergewicht zu sich nehmen – eine Faustregel, die allerdings nur bis zum so genannten Idealgewicht bzw. dem idealen Body-Mass-Index-Wert (➔ Seite 7) ihre Richtigkeit hat. Entsprechend den Regeln der DGE (Deutsche Gesellschaft für Ernährung) ist eine Fettzufuhr von über 70 Gramm täglich als gesundheitsgefährdend einzustufen.

Auf die Mischung kommt es an!

Alle Nahrungsmittel enthalten eine Mischung aus gesättigten, ungesättigten und mehrfach ungesättigten Fettsäuren. Tierische Fette enthalten überwiegend gesättigte, pflanzliche dagegen überwiegend ungesättigte Fettsäuren, wobei es aber auch Ausnahmen gibt, wie Seefische, die überwiegend mehrfach ungesättigte Fettsäuren aufzuweisen haben. Ein wichtiger Unterschied ist: Die meisten ungesättigten Fettsäuren kann der Körper nicht selbst bilden, weshalb sie auch essenzielle Fettsäuren genannt werden – sie können dem Körper nur von außen über die Nahrung zugeführt werden.

In den modernen Industriegesllschaften werden pro Tag ca. 140 Gramm Fett verzehrt. Dabei werden viele Fette nicht erkannt, weil sie zu den »versteckten Fetten« zählen, die uns nicht bewusst sind: Wurstwaren, Käse, Eis und andere Milchprodukte sind z. B. tatsächlich das »reinste Fett«.

EXTRA

Gesundheitsstörungen durch zu viele Fette

Übergewicht und/oder erhöhte Fettwerte im Blut, die oft gleichzeitig auftreten und die in der Regel durch überschüssige Fette verursacht werden, können gravierende Gesundheitsstörungen nach sich ziehen:

- **Überlastung des Bewegungsapparats, was zu krankhaften Veränderungen der Gelenke führen kann.**
- **Überlastung von Herz und Kreislauf, weil sie stärker arbeiten müssen, um die Körperregionen über das Blut mit Sauerstoff und Energie zu versorgen.**
- **Bluthochdruck mit zum Teil gravierenden Spätfolgen wie Gefäßschädigungen, Gefahr des Gehirnschlags, Augenschäden und Herzerkrankungen.**
- **Atembeschwerden, denn die Lunge wird durch den Druck des Bauchfells nach oben in ihrer Funktion beeinträchtigt.**
- **Erhöhtes Risiko für Darmkrebs, Stoffwechselerkrankungen und Diabetes Typ II.**

Lange Zeit galten die gesättigten Fettsäuren als die so genannten »gefährlichen« Fettarten, eine Einschätzung, die sich nach neuesten Erkenntnissen wissenschaftlich nicht halten lässt. Denn auch hier gilt: Nur ein Zuviel ist schädlich! Denn die gesättigten Fettsäuren sind im Körper unentbehrlich für die Energiespeicherung, die Energiegewinnung und für den Aufbau wichtiger Zellstrukturen. Sie sind in Fleisch und Produkten von Tieren – wie Eier, Milch, Käse, Wurstwaren – reichlich enthalten. Diese Fette sind schwer streichfähig bis sehr hart.

Die gesättigten Fettsäuren werden vom Körper in völlig ausreichender Menge selbst hergestellt und brauchen deshalb eigentlich nicht über die Nahrung zugeführt zu werden. Trotzdem nehmen wir normalerweise über die »versteckten Fette« gesättigte Fettsäuren in überreichlicher Menge zu uns.

Inzwischen ist bekannt, dass die so genannten »gesunden« ungesättigten Fettsäuren nicht so uneingeschränkt unbedenklich für unseren Organismus sind, wie dies lange Zeit angenommen wurde. Die Ernährungswissenschaftler unterscheiden hier nach der chemischen Formel einfach oder mehrfach ungesättigte Fettsäuren.

Auch die ungesättigten Fettsäuren haben Aufbauarbeiten an den Zellen zu leisten, sind jedoch in erster Linie als Mitwirkende bei bestimmten chemischen Reaktionen im Körper vorgesehen.

Welche Fette werden empfohlen?

Den einfach gesättigten Fettsäuren, sprich Butter, wird nach neuesten Forschungsergebnissen ein weitaus günstigerer Einfluss auf den Cholesterinhaushalt zugestanden als Ölen mit einem hohen Anteil an mehrfach ungesättigten Fettsäuren, wie sie in Sojaöl und Maiskeimöl vorkommen.

Die zweifach ungesättigte Fettsäure (Linolsäure) kommt in höherem Anteil in Sonnenblumenöl, Distelöl und Maiskeimöl vor, ist aber zumindest in Spuren in fast jedem Lebensmittel zu finden.

Aus dieser Fettsäure kann bei Bedarf die Arachidonsäure, eine ungesättigte Fettsäure mit vier Doppelbindungen, im Körper gebildet werden, welche die Ausgangssubstanz für die Bildung von wichtigen Gewebshormonen darstellt.

Empfohlen wird, nicht mehr als 10 Gramm Linolsäure täglich aufzunehmen, was bei einer gleichzeitigen Zufuhr von 12,8 Milligramm Vitamin E als absolut

EXTRA

Die richtige Kombination im Dreierpack

Zur Vorbeugung von Erkrankungen und zur Gesunderhaltung wird folgende Kombination von Fetten in der täglichen Ernährung empfohlen:

- **Maximal ein Drittel gesättigte Fettsäuren, das sind tierische Fette und härtere Pflanzenfette, wie Milch- und Butterfett, Schlachtfett (z. B. Rindertalg) und Kokosfett.**
- **Mindestens ein Drittel einfach ungesättigte Fettsäuren: Pflanzenöle wie Olivenöl, Erdnussöl, Rapsöl, aber auch Gänseschmalz.**
- **Maximal ein Drittel mehrfach ungesättigte Fettsäuren: Pflanzenöle mit Linolsäure und Linolensäure wie Safloröl, Sonnenblumenöl, Sojaöl, Maiskeimöl, aber auch das Fett in Seefischen (als so genannte Omega-3-Fettsäuren).**

unbedenklich eingestuft wird. Da Linolsäure in sehr hoher Dosis Krebs erregend wirken kann, wird geraten, z. B. auf Olivenöl auszuweichen. Es enthält einfach oder dreifach ungesättigte Fettsäuren.

Wie schädlich ist Cholesterin?

Im Körper eines Menschen werden täglich 400 bis 1200 Milligramm Cholesterin gebildet – wobei der Körper so viel davon selbst produziert, wie er benötigt. Deshalb brauchen wir Cholesterin nicht zusätzlich über die Nahrung aufzunehmen, trotzdem addieren die täglich verzehrten Lebensmittel tierischen Ursprungs pro Tag 200 bis 700 Milligramm dazu.

- Cholesterin weist entgegen seines negativen Images lebensnotwendige Eigenschaften für den Organismus auf. Es ist Bestandteil von Zellen und Geweben, insbesondere der Gehirn- und Nervenzellen, der Leber, des Blutes sowie der Geschlechtsorgane. Der Körper braucht Cholesterin zur Herstellung von Sexual- und Stresshormonen. Außerdem unterstützt es die körpereigene Produktion von Vitamin D und Gallenflüssigkeit.

- Andererseits ist ein zu hoher Cholesterinwert ein Risikofaktor für Arteriosklerose und Herzinfarkt. Dabei besteht bei einem Gehalt von 160 bis 200 Milligramm pro 100 ml Blut die geringste Gefährdung, bei über 300 Milligramm pro 100 ml ist aber bei Männern das Herzinfarktrisiko bereits viermal größer.

Cholesterin ist eine fettähnliche Substanz, die – wie Fett selbst auch – nicht wasserlöslich ist. War lange der zu hohe Cholesterinspiegel im Gespräch, wird mittlerweile auch vor einer Unterversorgung des Körpers mit Cholesterin gewarnt. Fachleute schätzen einen Wert von unter 160 Milligramm pro 100 ml Blut als bedenklich ein.

So isst man gesünder

Essen mit Verstand

Dass eine fettarme Ernährung das Abnehmen erleichtert und so die sportliche Betätigung mit dem »Bauch-weg-Roller« unterstützt, liegt auf der Hand. Die Tatsache aber, dass für die Gesundheit eine ausgewogene Ernährung gleichermaßen wichtig ist, wird oft nicht beachtet. Erst mit der Ausgeglichenheit in der Ernährung kommen die positiven Eigenschaften der Nährstoffe so richtig zur Geltung – und in diesem Rahmen kann sich auch das Fett von seiner »guten« Seite präsentieren.

Die wichtigste Voraussetzung für eine gesunde Ernährung ist, sich mit dem, was man zu sich nimmt, zu beschäftigen. Wenn Sie gelernt haben, aus welchen Bestandteilen ein Lebensmittel hauptsächlich besteht, können Sie z. B. Ihren Verbrauch an Fetten und Kohlehydraten besser einschätzen.

* Die Deutsche Gesellschaft für Ernährung (DGE) hat »Zehn goldene Ernährungsregeln« aufgestellt, mit denen Sie sicherstellen können, dass Sie sich gesund und abwechslungsreich ernähren. Wenn Sie viel frisches Obst und Gemüse sowie ballaststoffreiche Getreideprodukte und wenig Fett, Salz und Zucker essen, haben Sie die besten Voraussetzungen, gesund zu bleiben. Die Ernährung sollte demnach den folgenden Grundsätzen folgen:

1 Vielseitig – aber nicht zu viel! Weg vom ungesunden Einerlei – abwechslungsreiches Essen schmeckt und ist vollwertig. Je vielfältiger Sie Ihre Speisen zusammenstellen, desto mehr lebensnotwendige Nährstoffe nehmen Sie auf und desto weniger wird Ihr Stoffwechsel belastet.

2 Weniger Fett und fettreiche Lebensmittel. Wir haben schon ausführlich darüber informiert: Zu viel Fett macht fett. Fett liefert doppelt so viele Joule bzw. Kalorien wie die gleiche Menge an Kohlehydraten oder Eiweiß. Übergewicht und viele Krankheiten können die Folge sein. Essen Sie weniger Streichfette, und bevorzugen Sie fettarme Zubereitungsarten. Achten Sie nicht nur auf sichtbare Fette, sondern insbesondere auch auf die »versteckten« Fette in Wurstwaren, Dosen- und Fertiggerichten sowie Kuchen etc.

3 Würzig, aber nicht salzig. Kräuter und Gewürze unterstreichen den Eigengeschmack der Speisen. Zu viel Salz übertönt hingegen viele Geschmackseindrücke und kann zur Entstehung von Bluthochdruck beitragen. Bevorzugen Sie deshalb Kräuter und Gewürze. Wo Sie auf Salz nicht verzichten können, verwenden Sie Jodsalz, um dem weit verbreiteten Jodmangel vorzubeugen.

4 Wenig Süßes. Zu süß kann schädlich sein! Zucker und Süßigkeiten können Karies verursachen und zur Entstehung von Übergewicht beitragen. Ferner werden bei hohem Zuckerkonsum nährstoff- und ballaststoffreiche Lebensmittel vom Speisezettel verdrängt. Genießen Sie Süßes zwar ohne Reue, aber nur selten und in kleinen Mengen.

5 Mehr Vollkornprodukte. Vollkornprodukte, z. B. Vollkornbrot, Naturreis, Getreidegerichte, Vollkornnudeln, Haferflocken und Müsli, enthalten günstige Kohlehydrate. Neben den für die Verdauung wichtigen Ballaststoffen liefern sie zusätzlich Vitamine, Mineralstoffe und Spurenelemente.

6 Reichlich Gemüse, Kartoffeln und Obst. Diese Lebensmittel gehören in den Mittelpunkt Ihrer Ernährung. Essen Sie täglich Frischkost in Form von frischem Obst, Rohkost und Salaten, aber auch Gemüse und Kartoffeln. Wählen Sie auch öfter Hülsenfrüchte. Mit diesen Lebensmitteln erhalten Sie Vitamine, Mineralstoffe, Spurenelemente und Ballaststoffe.

7 Weniger tierisches Eiweiß. Pflanzliches Eiweiß ist so wichtig wie tierisches Eiweiß. Pflanzliches Eiweiß in Kartoffeln, Hülsenfrüchten und Getreide ist günstig für eine vollwertige Ernährung. Auch Milch, fettarme Milchprodukte und vor allem Fisch sind wertvolle Eiweißlieferanten. Ernährungswissenschaftler empfehlen, andere tierische Eiweißlieferanten wie Fleisch, Wurst und Eier seltener zu essen, denn sie liefern relativ viel Fett, Cholesterin und Purine. Essen Sie stattdessen häufiger Fisch und fleischlose Speisen!

8 Ausreichend trinken. Ihr Körper braucht 1 1/2 – 2 Liter Wasser pro Tag. Löschen Sie Ihren Durst mit Wasser bzw. Mineralwasser, Gemüsesäften, ungesüßtem Früchtetee und verdünnten Obstsäften, in Maßen auch mit ungesüßtem schwarzem Tee oder Kaffee. Dagegen benötigt Ihr Körper nicht einen Tropfen Alkohol! In größeren Mengen schadet Alkohol Ihrer Figur und Ihrer Leber und macht süchtig. Trinken Sie alkoholische Getränke daher allenfalls zum gelegentlichen Genuss, aber keinesfalls als alltäglichen Durstlöscher.

In der Ananas finden sich neben Vitamin C Eisen, Jod und Magnesium.

Denken Sie daran: Wer täglich nur einige Kalorien mehr zu sich nimmt, als er verbraucht, der sammelt schleichend Gramm um Gramm, Pfund um Pfund und Kilo um Kilo Übergewicht an. Darin liegt die große Gefahr, dass man sich an sein Übergewicht gewöhnt.

9 Öfter kleine Mahlzeiten. Essen Sie anstatt der üblichen drei Hauptmahlzeiten besser fünf kleinere Mahlzeiten. Große Mahlzeiten belasten die Verdauungsorgane und machen müde. Dagegen bringen Sie kleine, aber häufigere Mahlzeiten in Schwung, und Leistungstiefs werden gemildert.

10 Schmackhaft und nährstoffschonend zubereitet. Garen Sie kurz mit wenig Wasser und Fett – so bleiben die Nährstoffe und der Eigengeschmack der Speisen erhalten. Denn durch zu lange Lagerung, falsche Vorbereitung, zu langes Kochen, Wiederaufwärmen und durch die Verwendung von zu viel Wasser beim Garen werden viele lebensnotwendige Nährstoffe zerstört, und Lebensmittel werden ausgelaugt.

Ballaststoffe werden heute sinnvollerweise auch als Faserstoffe bezeichnet, denn der Begriff Ballaststoffe stammt noch aus der Zeit, in der man annahm, diese schwer verdaulichen Stoffe seien nur überflüssiger Ballast in der Nahrung.

Gut gesättigt mit Ballaststoffen

Ballaststoffe sind von großer gesundheitsfördernder Bedeutung, insbesondere für den Darm. Sie gelangen dorthin, ohne vom Magen vorher verdaut worden zu sein, denn die Pflanzenfasern sind sehr zäh und leisten der Magensäure erfolgreich Widerstand. Im Darm werden die Fasern jedoch zumindest teilweise von den Darmbakterien abgebaut, der Rest wird ausgeschieden.

* Die beim so genannten Aufschluss der Fasern frei werdenden Substanzen fördern in erster Linie eine gesunde Darmflora und mindern stark das Risiko, an Darmkrebs zu erkranken. Zudem werden die in der Pflanze vorhandenen Biostoffe langsamer freigesetzt, wodurch eine gleichmäßige Aufnahme der Stoffe ins Blut und damit eine konstante Versorgung des Körpers ermöglicht wird.

Karnitin gegen Muskelfett

Karnitin aus der Gruppe der Betaine ist ein vitaminähnlicher Wirkstoff und wird deshalb auch Vitamin T genannt. Wegen seiner Eigenschaft, Fett in die Fettzellen transportieren zu können, kann es als Teil des Fettstoffwechsels bezeichnet werden, denn ohne Karnitin verblieben zu viele Fette im Blut. Die Folge wäre eine unerwünschte Speicherung von Fetten in den Muskeln, was zu einer Schwäche der betroffenen Muskeln und in zunehmendem Maße zu Muskelerkrankungen führen würde. Karnitin wird im tierischen und menschlichen Organismus selbst gebildet, wozu er allerdings eine ausreichende Zufuhr an Vitamin C, Vitamin B6 und Eisen benötigt.

Vitamine und Mineralstoffe

Die vorbeugende und therapierende Eigenschaft von Vitamin C (Ascorbinsäure) gegen Erkältungskrankheiten, also die Stärkung des Immunsystems, ist wohl bekannt. Aber auch als indirekter Schlankmacher leistet es seine Dienste.

✱ So ist die Produktion von Karnitin ohne Vitamin C nicht möglich. Außerdem bewahrt es eine ganze Reihe von Vitaminen – darunter auch Vitamin B12, das ebenfalls eine Rolle bei der Fettverbrennung spielt – vor der Oxidation und damit der Wirkungslosigkeit. Weiterhin ist es direkt an der Produktion verschiedener Hormone beteiligt, von denen sich einige auch als Fett verbrennende Stoffe einen Namen gemacht haben. Vitamin C gehört zu den wasserlöslichen Vitaminen, weshalb seine Speicherungsfähigkeit im Körper gering ist und es ständig zugeführt werden muss. Eine Überdosierung ist aus dem gleichen Grund kaum zu befürchten, denn überschüssiges Vitamin C wird ausgeschieden.

Vitamin C unterstützt wichtige Stoffwechselvorgänge.

✱ Magnesium ist einer der wichtigsten Mineralstoffe in unserem Körper. Er ist maßgeblich am Protein-, Fett- und Kohlehydratstoffwechsel beteiligt und damit für alle Funktionen des Körpers mitverantwortlich. Ohne Magnesium würde auch die Verbrennung der Fette nicht gelingen. Ein Mangel an Magnesium ruft Störungen im gesamten Fettstoffwechsel hervor, die schon bald zu abnormen Blutfettwerten führen können. Der Mineralstoff kann dem Körper neben dem Verzehr von pflanzlichen Nahrungsmitteln, aber auch Fleisch, besonders gut durch magnesiumhaltige Mineralwässer zugeführt werden. Achten Sie dabei darauf, dass das Wasser wenig Natrium enthält.

Wer sich vielseitig ernährt und auf Qualität und Frische der Lebensmittel achtet, hat die Basis für eine ausgewogene und gesunde Ernährung bereits gelegt. Wenn Sie hin und wieder einen Obst- oder Gemüsetag einlegen und viel Fisch essen, haben Sie ein gutes Polster an Vitaminen und Mineralien.

Fitness

täglich lieber

Sport- und Bewegungs-Tipps

Sie wissen es selbst – die Pfunde am Bauch sind nur ein Teil des »Problems«. Der moderne Mensch hat in der Regel verlernt, sich ausreichend zu bewegen. Wir sitzen. Im Büro am Computer, im Auto, in den öffentlichen Verkehrsmitteln, vor dem Fernseher, am Strand ... Wann immer es geht, suchen wir uns einen Sitzplatz und tun damit das Verkehrteste, was man tun kann.

Straff und schlank sein wollen, während man schlaff herumsitzt – das schließt sich einfach aus. Vor allem, wenn man in die Jahre jenseits der 20 kommt.

Bewegung im Alltag

Herausforderungen suchen

Der Alltag steckt voller »Fitness-parcours« – das zeigen uns Kinder. Ständig sind sie in Bewegung, rennen treppauf und treppab, jagen über Waldwege, sausen kreischend durch den Garten. Wir Erwachsenen aber haben gelernt, sie tunlichst zu umgehen. Bietet die Technik uns nicht Aufzüge, Rolltreppen, Fahrzeuge oder Bergbahnen? Warum also sollte man sich anstrengen, nur weil es angeblich »gesünder« sein soll?
Die Antwort lautet: Weil es gesünder ist, weil es die Bauchmuskeln trainiert, weil es die Kondition verbessert. Und weil wir dann nicht nur schlanker sind, sondern auch schöner. Wir zeigen Ihnen jetzt, wie Sie die Basis, die Sie mit dem regelmäßigen Training mit dem »Bauch-weg-Roller« gelegt haben, ganz nebenbei stetig verbessern.

Ein Geheimnis schlanker Menschen ist ganz offensichtlich. Sie sind viel und gerne in Bewegung. Wem es Spaß macht, zu spüren, wie leicht und kraftvoll man sich bewegt, hat zudem eine völlig andere Ausstrahlung als jemand, der im wahrsten Sinne des Wortes schwer an seinem Körper trägt.

Treppensteigen

Niemand verlangt, dass Sie einsam im Treppenschacht eines Hochhauses 20 Stockwerke erklimmen – aber die kurze Treppe vom U-Bahn-Untergeschoss hinauf zur Oberfläche werden Sie doch schaffen. Untersuchungen zeigen, schon diese kurze Anstrengung ist ideal, um im Alltag den Körper in Bewegung zu halten. Auch die breiten Treppen eines Kaufhauses laden dazu ein, sie zu benützen und damit das Gedränge auf der Rolltreppe und im Aufzug zu meiden. Und warum zu Hause lang auf den Aufzug warten, wenn die Treppe in das zweite Stockwerk sofort benützt werden kann?

Einkaufen

Es macht doch eigentlich gar keinen Spaß: Autotüre aufsperren, einsteigen, Gurt anschnallen, Motor anlassen, losfahren, wenige Male lenken, anhalten, Motor abstellen, Gurt abschnallen, aussteigen, Autotüre absperren usw. – und das alles nur, um eine Kleinigkeit einzukaufen. Wer mit dem Auto fährt, um eine Tüte voller Kleinigkeiten aus dem Supermarkt an der Ecke zu holen, sollte aufmerksam werden. Wenn Sie die Vorstellung, selbst eine so kurze Besorgung zu machen, schreckt, ist Ihr Körper bereits in einem schlechten Allgemeinzustand. Eigentlich dürfte Ihnen der kurze Weg nichts ausmachen.

✱ Wären Sie dagegen zu Fuß gegangen, hätten Sie sicher irgendetwas Interessantes in Ihrer unmittelbaren Nachbarschaft entdeckt, Sie hätten zumindest etwas Bewegung und frische Luft gehabt, und das Auto wäre geschont worden.
Übrigens: In dicht besiedelten Stadtteilen ist die Tendenz, mit dem Auto zum Kiosk zu fahren, schon lange kein Thema mehr. Zum einen bekommt man vor dem Kiosk keinen Parkplatz, und zum anderen ist bei der Rückkehr der alte Parkplatz meist besetzt.

Die öffentlichen Verkehrsmittel

Dass die Fahrt mit öffentlichen Verkehrsmitteln nicht immer der reine Genuss ist, mag dahingestellt sein. Aber diese Art der Personenbeförderung hat einen Vorteil. Der Körper, der vom langen Sitzen nach einem Arbeitstag geschwächt ist, gerät wieder in Bewegung. Zum einen ist da der Fußweg zur Haltestelle bzw. zum Bahnhof zu nennen (benützen Sie gegebenenfalls Ihr Auto nur, wenn Sie unzumutbar weit davon entfernt wohnen), zum anderen der Fußweg von der Haltestelle zu Ihrem Ziel. Und die Umsteigewege sind oft auch reichlich lang.

✱ Einen kleinen Zwischenspurt, bei dem Blutdruck und Atmung angeregt werden, legen wir heute in der Regel kaum noch ein. Es sei denn, wenn Straßenbahn oder Bus abfahrbereit an der Haltestelle steht. Übrigens: Stehen an sich ist keine gesundheitsfördernde bzw. -erhaltende Tätigkeit. Aber es ist bei einer Berufstätigkeit im Sitzen eine willkommene Gelegenheit, ausgleichend die Rückenmuskulatur zu beschäftigen.

Und im Alter?

Je älter Sie sind, desto mehr gilt der Grundsatz: Der Beginn jeder Art von Sport muss mit dem Arzt abgesprochen werden! Gibt er Ihnen »grünes Licht«, dann spricht nichts gegen körperliche Bewegung auch im Alter. Wenn Sie schon Ihr ganzes Leben Sport getrieben haben, dann haben Sie sicher auch gespürt, dass die Leistungsfähigkeit mit dem Älterwerden Schritt für Schritt nachlässt, und darauf haben Sie sich auch eingestellt. Wenn Sie aber neu anfangen, dann sollten Sie ganz vorsichtig erkunden, welche Leistung Sie problemlos erbringen können. Bitte bedenken Sie: Falscher Ehrgeiz kann tödlich sein! Treten beim Sport körperliche Beschwerden auf, hören Sie sofort auf, und sprechen Sie mit Ihrem Arzt darüber!

Auch die moderne Kleidung unterstützt den Trend zur Fitness. Die neuen Sneaker sind Schuhe, in denen Sie so leicht und bequem laufen wie in Sportschuhen. Dank ihres tollen Designs aber wirken Sie leicht und sportlich-elegant.

Rundumtraining

Ausdauersportarten

Bei regelmäßigem Gebrauch reicht der »Bauch-weg-Roller« aus, um dem Bauchfett »zu Leibe rücken« zu können und um die Fitness auf ein besseres Niveau zu heben. Dennoch empfiehlt es sich, zusätzlich eine Sportart zu betreiben, die einen Kontrast zum »Bauch-weg-Roller« bietet.
Wenn Sie lange Freude an Ihrem Gerät haben wollen, sollten Sie eine Bewegungsart suchen, die einen Ausgleich bietet – sowohl in der Art der sportlichen Betätigung als auch in der geistigen Beanspruchung. Probieren Sie ruhig einige der vielen Sportarten aus, bevor Sie sich an eine längerfristig binden. Denn Sport treibt man dann oft und regelmäßig, wenn er einem Vergnügen bereitet. Versuchen Sie immer, Ihre Leistung so zu dosieren, dass Sie zwar im oberen Bereich ihrer konditionellen Fähigkeit Sport treiben, diese aber möglichst nicht überschreiten. Beginnen Sie eine Sportart nie ohne eine Betreuerin oder einen Betreuer, die Sie sowohl fachlich als auch in gesundheitlicher Hinsicht beraten kann. Dies gilt sowohl für die wohl bekannten klassischen Sportarten wie für neue aktuelle.

Gut geeignete Ausdauersportarten sind Walking (Gehen), Joggen (Dauerlauf), Schwimmen, Golfen, Fahrradfahren, Inline-Skaten, Mountainbiking, Skilanglauf, Tanzen und Wandern.

EXTRA

Was Ausdauersport so attraktiv macht

Ob Schwimmen, Gehen (Walking), Joggen, Laufen, Radfahren – die Ausdauersportarten haben alle etwas Gemeinsames:

- **Die Verletzungsgefahr ist gering,**
- **der gesamte Organismus ist weniger, aber dafür länger belastet,**
- **fast alle diese Sportarten finden im Freien statt, was zu einer hohen Sauerstoffaufnahme führt, Sehnen, Muskeln und Gelenke werden geschont.**

✱ Sobald diese Sportarten allerdings im Umfeld des Leistungssports betrieben werden, werden sie für den gesundheitsbewussten »Normalmenschen« unattraktiv. Denn verschärftes Tempo, extrem weite Distanzen, starke Steigungen und Gefälle etc. machen aus der gesundheitsfördernden Ausdauersportart eine mit hohem gesundheitlichen Risiko.

Zu Recht beliebt: Ballsportarten

Gegenüber mäßig betriebenen Ausdauersportarten ist mit Ballsportarten im Allgemeinen ein höheres Verletzungsrisiko verbunden. Verletzen kann man sich zum einen durch die Einwirkung des Gegners beim Kampf um den

Ball, zum anderen aber auch durch plötzliche Überbeanspruchung von Muskeln und Sehnen. Trotzdem gibt es Millionen, die einen Ballsport allemal einem Ausdauersport vorziehen. Denn der Wettstreit gehört für viele unabdingbar zum Sport dazu – und sie beneiden niemanden, der einsam seine Runden durch Wald oder Schwimmbecken zieht. Fazit:

* Vom medizinischen Standpunkt aus betrachtet sind die meisten Ballsportarten als problematisch einzustufen, wenn man jedoch den »Fun-Faktor« heranzieht, sind sie unschlagbar. Treiben Sie also ruhig etwas risikoreicheren Sport, wenn er Ihnen Spaß macht!

Kampfsport

Die Kombination aus Gymnastik, Einzel- und Partnerübungen sprechen in erster Linie Menschen an, die sehr aktiv sind. Karate und Taekwan-Do gehören zu den Sportarten, die den ganzen Menschen fordern. Aufgrund der langen, oft Jahrhunderte dauernden Entwicklungszeit der festgelegten Bewegungsformen und Kampfrituale sind Bewegungsabläufe entstanden, die nahezu jeden Muskel des Körpers gleichmäßig beanspruchen. Auch die linke und die rechte Körperhälfte werden gleichmäßig trainiert.

* Auf lange Sicht formt die Auseinandersetzung mit den asiatischen Kampfkünsten aber nicht nur den Körper. Wer sich mental weiterentwickeln möchte, dem wird die Schulung von Ausdauer, Flexibilität, Balance und Konzentrationsvermögen sehr entgegenkommen.

Und wer Sport einfach nicht mag?

Vor einem speziellen Problem stehen alle, die nicht gerne »Sport treiben«. Diese Abneigung rührt manchmal schon aus der Kindheit her, und sie wird bei vielen im Laufe des Lebens nicht besser.

* Überlegen Sie, wann und wo Ihnen Bewegung Spaß macht. Und wenn Sport Ihnen insgesamt zu »langweilig« und zu »stupide« ist – Tanzen, Reiten, Yoga und andere Körpertherapien bieten Möglichkeiten, die Sie vielleicht so interessieren, dass Sie dabei bleiben. Probieren Sie es doch einfach einmal aus.

* Wenn Sie von diesem »Desinteresse« an sportlichen Dingen betroffen sind, sollten Sie unbedingt versuchen, den Ursachen auf den Grund zu gehen und nicht länger jede Bewegung vermeiden.

Stichwortverzeichnis

Haftungsausschluss

Die Inhalte dieses Buches sind sorgfältig recherchiert und erarbeitet worden. Dennoch kann weder der Autor noch der Verlag für die Angaben in diesem Buch eine Haftung übernehmen.

Impressum

Sonderausgabe für den Midena Verlag, München

2. Auflage 2002

Redaktion: agentur Z
Bildredaktion: Susanne Allende
Bildnachweis: Alle Fotos: Studio für Illustration und Fotografie Sascha Wuillemet, München außer: FOCUS Photo- und Presseagentur GmbH, Hamburg: 41 (SPL/Michler); Getty Images Deutschland GmbH/Stone, München: 44 (Panchout); Jahreszeiten Verlag GmbH, Hamburg: 47 (Dahl); PhotoAlto, Paris: 6, 9, 34, 36, 39, 40; zefa visual media gmbh, Düsseldorf: 45 (Rossi).
Haare und Make-up: Tommy Opatz, München
DTP/Satz: Fischer's DTP-Studio, München
Reproduktion: Typework Layoutsatz & Grafik GmbH, Augsburg
Druck und Bindung: Offizin Andersen Nexö – ein Betrieb der INTERDRUCK Graphischer Großbetrieb GmbH, Leipzig

Gedruckt auf chlorfrei gebleichtem Papier

Printed in Germany

ISBN 3-310-00784-7